Marion Neuhauß

Momentaufnahmen des Lebens

Gedichte über Alltägliches und Besonderes

Marion Neuhauß

Momentaufnahmen des Lebens

Gedichte über Alltägliches
und Besonderes

Im Verlag BoD - Books on Demand sind ebenfalls erschienen:

Marion Neuhauß
Du und ich –
Gedichte über Freundschaft und Liebe
ISBN-13: 978-3-8370-0307-9

Du und ich –
Gedichte mitten aus dem Leben
ISBN-13: 978-3-8370-6370-7

Du und ich -
Gedichte über Verbundenheit und Glück
ISBN-13: 978-3-8391-2318-8

Glückliche Momente und gemeinsame Wege
Gedichte über Liebe und Leben
ISBN-13: 978-3-8423-7382-2

Bibliografische Informationen Der Deutschen Bibliothek:
Die Deutsche Bibliothek verzeichnet diese Publikation in der Deutschen
Nationalbibliografie; detaillierte bibliografische Daten sind im Internet über
http://dnb.ddb.de abrufbar.

© 2013 Marion Neuhauß
Herstellung und Verlag: BoD - Books on Demand, Norderstedt
Fotos: Marion Neuhauß

ISBN-13: 978-3-7322-8912-7

Mehr Informationen und Kontaktdaten unter

www.marion-neuhauss.de

Neuer Schwung

Ich fühle mich ausgelaugt und kraftlos,
meine Batterie ist nahezu leer.
Nur du kannst mir jetzt helfen,
bist mein Akkuladegerät
mit höchster Wirksamkeitsstufe.
Kurz mit dir gesprochen,
miteinander gelacht,
miteinander gefühlt,
schon bin ich wieder
voller Energie.

Selbstwert

Du bist dir deiner Talente
gar nicht bewusst.
Tust sie ab als Nebensächlichkeiten,
dabei sind sie das zuallerletzt.
Du kannst stolz sein.
Auf das,
was du kannst.
Auf das,
was du tust.
Kannst stolz darauf sein,
wer du bist.

Mein Sorgenzerstäuber

Du bist mein Sorgenzerstäuber,
mein Dunkle-Wolken-Verschieber.
Findest immer eine Lösung,
einen Ausweg.
Hast stets einen Rat
oder einen Trost.
Gibst niemals auf,
bevor du mir Erleichterung verschafft hast.
Du kannst zwar keine Wunder vollbringen,
bist aber unglaublich nah dran.

Magischer Vorrat

Füreinander da sein -
bei Weitem nicht selbstverständlich.
Tausend Dinge,
die uns beschäftigen
und die Welt immer schneller drehen lassen.
Manchmal auch als Ausrede dienen.
Doch bei dir ist das anders.
Ich brauche dich
und du zauberst sofort Zeit für mich hervor
aus deinem magischen Vorrat.
Bist für mich da.
Unzweifelhaft
und ohne zu zögern.

Auszeit

Wir liegen in den Dünen,
betrachten den blauen Himmel,
schauen den Schäfchenwolken zu,
die gemächlich vorbeiziehen.
Unterhalten uns über dies und das,
erkennen in den Wolken die lustigsten Bilder
und amüsieren uns prächtig darüber.
Die Zeit scheint stillzustehen,
alles fällt von uns ab.
Und wir genießen
die wärmenden Sonnenstrahlen,
das Nichtstun,
die Unbekümmertheit des Augenblicks.

Stille

Stille.
Ganz ungewohnt.
Und viel zu selten.
Ich schließe die Augen,
kann
entspannen,
loslassen,
zur Ruhe kommen.
Kraft tanken.
Stille.
Friedvoll.
Wohltuend.
Atempause für meine Seele.

Blick zurück

Fotos fallen mir in die Hände,
ich schaue sie durch,
will einige aussortieren.
Bleibe hängen in Erinnerungen,
fühle mich in die Momente zurückversetzt
und auch wieder genauso glücklich.
Muss über unsere Albernheiten lächeln,
amüsiere mich im Nachhinein
erneut ganz köstlich.
Die Zeit vergeht wie im Fluge,
ich habe nicht wirklich viel geschafft.
Aber zum Ausgleich dafür
geht es mir so richtig gut.

Verschnaufpause

Du sprichst genau das aus,
was ich gerade denke.
Treffende Pointe,
ohne zu verletzen.
Du bringst mich mit deiner spontanen Art
unweigerlich zum Lachen.
Verschaffst uns eine Verschnaufpause
im Ernst des Lebens.

Ein Sommertag

Ein Sommertag,
von der Sonne verwöhnt,
flirrend vor Hitze.
Wir sitzen im Schatten,
lauschen dem Zirpen der Grillen,
genießen die Trägheit
und jeden erfrischenden Lufthauch.
Wechseln ab und an ein paar Worte,
schweigen dann wieder eine Weile
in stillem Einvernehmen.
Genießen das Leben,
das Sein,
diesen ungestörten Moment.

Warten

Warten auf dich.
Fällt mir schwer,
macht mich rastlos.
Die Zeiger meiner Uhr
scheinen regelrecht stehen zu bleiben.
Die Minuten ziehen sich,
dehnen sich ins Unendliche.
Bis du endlich kommst
und mich erlöst.

Angekommen

Am Meer -
ob ich in einem früheren Leben
hier zu Hause gewesen bin?
Es geht mir durch und durch,
ich fühle mich befreit und glücklich.
Lasse mir den Wind um die Nase wehen,
beobachte die Möwen in ihrem ruhigen Flug,
schaue dem endlosen Spiel der Wellen zu.
Und fühle mich,
als sei ich angekommen.

Glückstropfen

Kleine Glücksmomente
sind wie Wassertropfen,
die stetig ein Glas füllen.
Einzeln können sie nicht viel ausrichten,
zusammen können sie meinen Durst löschen.
Hätte ich dem einzelnen kleinen Glück jedoch
meine Aufmerksamkeit nicht gewidmet,
wäre ich noch immer glücksdurstig auf der Suche.

Einzigartig

Einzigartige Landschaft.
Schroffe Küste,
steilen Klippen.
Leuchtende Farben.
Schmale Wege
durch ansonsten unberührte Landschaft.
Wild.
Beeindruckend.
Immer wieder überraschend.
Ungläubiges Staunen
über die Vielfalt.
Die Schönheit.
Die Wunder der Natur.
Grandios.
Und für immer
in unserer Erinnerung.

Zufrieden

Ich fühle mich gerade zufrieden
bis in den hintersten Winkel meines Herzens.
Könnte schnurren wie eine Katze,
bin ausgeglichen und fröhlich,
entspannt und gut drauf.
Aus ganz einfachem Grund.
Weil es dich in meinem Leben gibt.

An meiner Seite

Weil ich dich
an meiner Seite weiß,
erfüllt mich eine große Stärke.
Ich bin guten Mutes,
wo ich ansonsten vielleicht
ängstlich gewesen wäre.
Ich glaube daran,
dass sich der momentane Sturm des Lebens
überstehen lässt,
dass ich nicht verzagen muss.
Weil du mir Kraft verleihst,
um ihm zu trotzen.

Auseinander

Unsere Freundschaft driftet auseinander
wie die Kontinente auf der Erde.
Ganz sachte,
zuerst kaum merklich.
Dennoch unaufhaltsam.
Das Leben veränderte uns,
ließ uns im Laufe der Zeit
andere Erfahrungen sammeln und
abweichende Meinungen entwickeln.
Nun verstehen wir einander nicht mehr.
Vertreten andere Werte,
haben abweichende Prioritäten.
Und obwohl wir uns über Jahre
so wundervoll nah waren,
fühlen wir uns plötzlich wieder
unbeschreiblich fremd.

Schmerzhaft

Ein Wort bleibt ungesagt,
das so wichtig gewesen wäre.
Eine Geste bleibt aus,
die sehnsuchtsvoll erwartet wurde.
Augenblicke,
die verletzen.
Deren Wunden auf den ersten Blick
eher unbedeutend und klein erscheinen.
Und dennoch
so nachhaltig schmerzen.

Gemeinsam

Kummer und Sorgen rauben dir die Kraft.
Vielleicht sogar den Mut.
So vieles lastet auf deinen Schultern,
so hoch sind die Erwartungen.
Nicht zuletzt deine eigenen.
Doch was immer dich bedrückt,
es wird sich eine Lösung finden,
selbst wenn der Weg zunächst
kaum erkennbar ist.
Wir werden ihn gemeinsam suchen
und gemeinsam gehen.
Denn auch in Freundschaften gilt:
In guten wie in schlechten Zeiten.

Beistand

Du blockst ab.
Willst allein sein.
Doch wie könnte ich dich allein lassen,
gerade jetzt?
Wie könnte ich dich deinem Schmerz überlassen,
deiner Verzweiflung?
Deine Tapferkeit versucht sie zu verdrängen,
doch die Gegner in dir sind mächtig.
Wie also könnte ich dich allein lassen,
wenn du gerade
so dringend Unterstützung brauchst?

Unsicher

Ich fühle mich
unwohl in meiner Haut.
Unsicher,
zweifelnd,
fehl am Platz.
Überlege fieberhaft,
wie ich der Situation
schnellstmöglich entfliehen kann.
Wie gerufen
kommst du auf den Plan.
Löst alle Befürchtungen auf und
gibst mir Hilfestellung.
Als wäre es
die einfachste Sache der Welt.
Alles ist nun klar,
fast selbstverständlich.
Und die Situation
fühlt sich wieder gut an.

Herbstwind

Der stürmische Herbstwind bläst mir um die Ohren,
rupft die Blätter von den Bäumen,
zerzaust mir die Haare.
Meine Gedanken fliegen fort,
schenken mir neue Freiheit.
Ich atme tief durch.
Genieße die würzige Luft,
die Dynamik um mich herum,
diese pulsierende Energie.
Ich fühle mich gut.
Erfrischt.
Und voller Lebensfreude.

Stell dir vor

Stell dir vor,
ich wäre jetzt bei dir.
Wir würden erzählen,
lachen,
das Miteinander genießen.
Würden uns wohlfühlen.
Stell es dir ganz intensiv vor,
dann wirst du es spüren.
Dann wirst du spüren,
dass stets ein Teil von mir
bei dir ist.

Unschlüssig

Du quälst dich mit Selbstzweifeln.
Bist unschlüssig,
wagst es nicht,
dich für eine Richtung zu entscheiden.
Doch warum?
Du verbrauchst so viel Energie
fürs Grübeln,
fürs Abwägen,
für deine Entscheidung,
dass du davon bereits
ganz entkräftet bist.
Auf dem eigentlichen Weg
ins Straucheln gerätst.
Nur um dann voller Inbrunst zu sagen:
„Das habe ich doch gleich gewusst!"

Kopf hoch!

Kopf hoch,
davon geht die Welt nicht unter.
Schwierige Tage kommen,
schwierige Tage gehen.
Sie geben dir eine Lektion des Lebens,
ob du es willst oder nicht.
Machen bald wieder Platz
für bessere Zeiten.
Und sie schärfen dein Bewusstsein dafür,
die guten Tage auch wirklich
als solche wahrzunehmen,
sie angemessen zu würdigen.

Unvermittelt

Ein Gesicht in der Menge,
deinem so ähnlich.
Eine Stimme,
deren Klang mich an deine erinnert.
Unvermittelt
bist du mir nah.
Mein Herz
macht einen freudigen Hüpfer,
fühlt sich wohlig warm an.
Sehnt sich nach der Geborgenheit,
die du ihm vermittelst.
Wünscht sich an deine Seite,
weil es dort am allerschönsten ist.

Zielstrebig

So wie eine Biene
zielstrebig die nächste Blüte findet
und eine Ameise
den Weg zu ihrem Bau,
so finden meine Gedanken
den Weg zu dir.
Ohne Zögern,
ohne Anstrengung,
ohne Umweg.
Ganz selbstverständlich.

Herzenswärme

Du strahlst eine solche Herzenswärme aus,
bist so voller Zuneigung,
dass ich mich ab der ersten Sekunde
behaglich fühle.
Zu Hause.
Am richtigen Platz.

Unvollständig

Ich fühle mich unvollständig,
weil du nicht in meiner Nähe bist.
Mir fehlen deine Nähe und
das schelmische Funkeln in deinen Augen.
Dein Lachen und
die Unbeschwertheit des Augenblicks.
Oder anders ausgedrückt:
mir fehlt meine Alltagssonne.

Möglichkeiten

Du wirfst die Flinte ins Korn,
gibst der Situation keine Gelegenheit,
sich wieder selber gerade zu rücken.
Verschwendest Energie dafür,
dich zu ärgern,
anstatt ein wenig abzuwarten.
Vielleicht ist es gar nicht so schlimm,
wie es zunächst den Anschein hat.
Vielleicht eröffnen sich neue Perspektiven.
Gib diesem Moment die Gelegenheit,
sich dir zu offenbaren,
sich zu klären,
seine Möglichkeiten zu entfalten.

Nach außen

Du lässt mich hinter deine Fassade schauen,
gewährst mir tiefe Einblicke in dich.
Nach außen bist du stark,
unabhängig,
selbstbewusst.
Durch nichts zu erschüttern.
Nach außen.
Doch ich sehe deinen Schutzwall,
deine seelische Rüstung.
Spüre deine Angst vor Verletzungen.
Spüre gleichzeitig
dein uneingeschränktes Vertrauen in mich.
Was für ein Geschenk!

Umwölkt

Du hast Schmerzen,
dein Blick ist umwölkt.
Das leuchtende Blau deiner Augen
verdrängt durch ein trauriges Grau.
Dich so zu sehen
schmerzt mich ebenfalls zutiefst.
Ich fühle mich hilflos.
Nehme dich in den Arm,
versuche, dir Halt zu geben.
Nehme dein Gesicht in meine Hände,
wische deine Tränen fort.
Möchte dir Kraft geben
und eine Stütze sein,
damit du die Last bewältigen kannst.
Und den Schmerz besiegen.

Liebend gerne

Ich spiele den Clown,
um dich zum Lächeln zu bringen.
Mache verrückte Sachen,
um die schlechte Laune zu vertreiben,
mit der du dir selber gerade im Weg stehst.
Denn was kann es Wichtigeres geben,
als dich wieder aufzumuntern?

Belebend

Ein Gedanke an dich –
so belebend wie ein kühles Getränk
an einem heißen Sommertag,
so rettend wie eine Oase
in der glutheißen Wüste,
so tröstlich wie eine Umarmung,
wenn ich traurig bin.
Ein Gedanke an dich
ist so wertvoll.
Schnell und einfach.
Und dennoch
so unvergleichlich gut.

Mitten ins Herz

Das Strahlen deiner Augen
dringt ohne Umwege in mein Herz,
erwärmt es,
lässt es schneller schlagen.
Zieht es vor Rührung zusammen,
um es dann vor Dankbarkeit
ganz weit werden zu lassen.

Überwältigt

Ich liebe dich.
Werde getragen
von einer Woge des Glücks,
würde am liebsten
die ganze Welt umarmen.
Bin überwältigt
von der Intensität meiner Gefühle.
Und unendlich dankbar,
dass du ein fester Bestandteil
meines Lebens bist.